LES MAGNIFICENCES

FAITES AV CARROZEL

DE LA VILLE DE NAPLES,

en faueur du mariage du Roy
de France, & de l'Infante
d'Espagne.

A PARIS,

Chez IEAN NIGAVT, ruë S.
Iacques, à l'Imprimerie
de taille douce.

M. DC. XII.

Auec Permission.

LES POMPES ET MAgnificences faictes à Naples, en faueur du mariage du Roy de France, & de l'Infante d'Espagne.

Ntre toutes les plus grãdes magnificéces que l'on a peu remarquer depuis le commencement des triõphes de ce mõde, iamais il ne s'en est veu qui ayent esté celebrées auec plus de respect & d'allegresse, que celles qui en faueur de l'heureuse conionction de la France & de l'Espagne ont esté faites en la celebre ville de Naples, à l'imitatiõ du Carrozel de nos magnanimes Princes François: Ces personnages ont esté les autheurs & inuenteurs de toutes les Pompes qui pour ce suiect tant merité

se pourront faire , & le moule de leurs
discrettes inuentions ont tellemēt es-
leué le courage des plus signalez de
ceste ville de Naples, que pensant les
imiter ils se sont disposez à faire comme vn autre Carrozel qui fust composé de tenans & d'assaillans , dont les
troupes de ces assaillans estoient iusques au nombre de neuf, lesquelles à
l'enuie l'vne de l'autre s'efforcerent d'é-
porter le prix merité à quiconque au-
roit l'honneur & la victoire du combat.

Pour soustenir les assauts de ces troupes cauallieres , le Comte de Viglia
Mediana s'y resolut, & le Comte de Lemos voulut aussi en ceste entreprise faire paroistre qu'il n'auoit en ce monde
que l'honneur, & demonstrer par ses
actes genereux que la bien-veillance
qu'il portoit au suiet de telle entreprise
ne luy-pouuoit apporter que de la gloi-
re. Donc resolus ensemblement d'es-
fectuer leur beau dessein, ils le firent
aussi tost publier par vn Cartel, dont
ensuit la teneur. *Qu'ils maintiendroiēt, la*
picque ou l'espee à la main, contre ceux qui
auroient l'audace de les attaquer.

Que leurs dames estoient les plus par-
faites du monde, & que seules elles me-
ritoient de porter le tiltre de leurs Ca-
ualiers.

Ce Cartel ayant esté publié en telle
sorte que tous ceux de laville en estoiét
bien aduertis le Comte de Viglia Mediana accompagné du Comte de Lemos, fist son entrée dedans le Camp,
auec grāde magnificéce, la vice Reine
& les Dames de la Cour estoient desia
placées sur leurs eschauffaux, les Iuges
des Prix estoient aussi placez sur celuy
qui leur estoit preparé, si bien que l'ordre y fust assez discretement obserué:
Au reste, incontinent que ces tenans
furent entrez l'on apperceut du costé
de l'Arcenal, vne montagne haute es-
leuee, dót la cime estoit couuerte d'vn
magnifique bastiment, où ce qui pou-
uoit estre desiré en la perfectió de l'ar-
chitecture n'y manquoit point, non
plus que l'inuétion de l'edifice, c'estoit
le Palais enchanté d'Atlas de Carene.

Les assistans voyant ceste montagne
mouuoir, & dauantage s'ouurir & se
clore, tourner à droict & à gauche, &

A iij

par son ouuerture produire cent animaux prodigieux de diuerses formes
& grandeurs, ils entrerent non seule-
ment en admiration , mais en estonnemét de cest ouurage, qui les rauit de
telle sorte qu'ils croyoient asseuremét
estre dans le temple de la Felicité. Ces
animaux prodigieux (quoy ce ne fust
qu'vn artifice) si tost qu'ils furent sortis du ventre de ceste montagne commencerent à danser vn ballet sur vn
theatre, qui estoit produit d'vne pareille inuention que la montagne cy dessus , comme ils eurent representé vn
nombre infiny d'agreables figures, ils
descendirent tous, trois à trois, & commencerent à faire le tour du camp ainsi
qu'il s'ensuit.

Huict Geans d'vne hauteur desme-
suree, conduisant vne Magicienne pri-
sóniere, industrieusemét les suiuoiét: et
cependāt q̃ ceste espece de pourmenade
se faisoit, les portes du Palais d'Atlas
s'ouurirent, où parut le Capitaine de la
garde Allemáde de son Excellence, sui-
uy de cét hallebardiers, vestus à la façó
de leur pais, de velours incarnat, passe-

menté de clinquant d'argent, les bouil-
lons des chaüsses estoient de toille d'argent, le bas de soye, blanc, & le bonnet
de velours incarnat auec la plume blã-
che: En suitte desquels l'on vist quarãte
tambours & vingt fifres, tous vestus de
longues jupes de taffetas incarnat & de
toille d'argent: Des pages au nombre
de quarante cinq suiuoient ce train, ils
estoient vestus de la mesme liuree que
les tambours, reste que leurs habits n'estoient pas de mesme façon : car ils
estoient vestus comme font ceux qui
font en France, & qui plus est, ils portoient sur leurs accoustremens les de-
uises des tenans & les armes de leurs
maisons. La necessité des parrains y
estant requise pour la perfection d'vn
tel triomphe, incontinent quarante
cinq parurent bien vestus & bien e-
quippez, tous grãds seigneurs du païs,
qu'ils appellent Titulez : En laquelle
compagnie estoient entr'autres l'Am-
bassadeur d'Espagne qui estoit venu de
Rome pour voir ceste magnificence,
le Marquis de Sancta-Croce, le Prince
de Bisignano, & le Prince d'Auelline.

Tous ces seigneurs estoiét vestus de satin incarnat brodé de canetille d'argét, l'habillemét composé de chausses à bádes, & le colet de mesme façon, leurs bonnets estoient de velours de mesme couleur, sur chacun desquels estoit vne plume de heron , & vne enseigne de piereries.

Tous ces personnages estans passez en tel ordre comme dessus, le Comte de Lemos passa tout seul, il auoit des chausses & vn bas de soye de la mesme liurce que les parrains, & portoit des armes garnies de diamans tres-precieux, auec vne mante à longue queuë, d'vn si riche & si sóptueux, apareil qu'elle coustoit bié deux mille escús, encores qu'il n'y eust ny perles ny piereries.

En suitte de ce, le Comte de Viglia Mediana parut , assisté du Duc de la Nocaira, de Dom Anthonio de Mendoza, & Dom Carraciolo. Leurs vestemens estoient de la mesme liurce, & de la mesme façon que les autres, excepté leurs mantes & leurs armes, pour la richesse & somptuosité , ils portoient des heaumes fort riches & fort beaux,

sur

sur lesquels slottoient de grands péna-
ches de la couleur de leurs habits. Ces
seigneurs estoiét suiuis de quelquespa-
ges, de tambours & de sifres en grand
nombre, qui portoient des pennaches
en si grande quátité, qu'il sembloit que
ce fust vne forest.

Incontinent aprés, deux Maistres de
camp passerent & deux Aydes du regi-
ment, vestus de la liuree du Comte de
Viglia Mediana. Les deux Maistres de
camp se nommoient le Luua, & Asca-
nio Carraciolo, & les deux Aydes, le
Capitaine & le Lieutenant de la garde
de son Excelléce. Six armuriets portás
les espees dont ils deuoient combatre
les suiuoient, & quatre bouffons vestus
de la mesme liuree que celle du Comte Viglia Mediana, firent la queuë de
ceste troupe des tenans.

Ceste troupe estant passee, & ayant
faict le tour du camp, elle sarresta au
pied de la montagne, & lors les tenans
se rangerent à la barriere, pour y at-
tendre ceux qui soffriroient pour les
combatre.

Le tournoy estant disposé d'assail-

lans & de combatans, il fut question
de monstrer & d'effectuer leurs des-
seins à demy esclos : si bien que ceste
troupe magnifique estant passee & pre-
paree (comme tenans) à receuoir le
choc des assaillans d'iceux, La premiere troupe entra dedans le Camp
en telle ordre qui l'ensuit.

L'ORDRE DE LA PRE-
miere trouppe des assaillans.

Le premier effect de cest entree ce
fut vn turbulent tonnerre artistement
composé de petards & de fusees, qui
fist ietter les yeux des assistans vers la
porte du Camp. Ce bruict cessé & la
fumee estant toute dissipee, on apperceut vn chariot ardant tiré par deux
dragons qui iettoient feu & flamme
de toutes pars. La Damoiselle Alquise
fille d'Vrgande la descogneuë, estoit
assise au haut, vestuë d'vne robe retrous-
see iusques aux genoux, l'estoffe en
estoit de satin verd de mer en broderie d'argent, elle auoit encores vne
mante de satin incarnat couuert de

mesme broderie, & des botines aux
iambes de la mesme estoffe & de pa-
reil enrichissemēt: elle auoit à ses pieds
vne paire d'armes d'argent, richement
garnies de rubis enchassez en or: elle
auoit vn heaume d'vne beauté incom-
parable, couuert de grandes plumes
pleines de papillotes d'or; Ce chariot
estoit conduit par deux cinges, vestus
de satin verd de mer.

Quãd ils eurent fait le tour du Camp,
ils s'arresterent deuant l'eschauffaut,
alors la Damoiselle Alquise leur donna vne lettre de la part de la sage Vrgande sa mere, qu'elle auoit laissée dãs
la tour de l'Vniuers: si tost que les Iuges eurent veu le contenu de ceste lettre, ils commanderent au Duc de Sancto Donato, de monter sur le chariot
d'Alquise, & de prendre les armes en-
chantees qu'elle luy presentoit, pour
aller deffendre en ce tournoy la beauté d'Arime Reyne des Gaules, que les
tenans vouloient postposer à celle de
leurs maistresses, quand il fut sur le chariot, & apres auoir quitté son habit or-
dinaire, il parut vestu d'vn satin blanc

richement brodé d'or &de grenats;
Ce changement d'abit fut ſi prompt,
qu'il ſembloit que ce fuſt vn enchantement. Il ne fut pas ſi toſt veſtu, qu'in-
continétapres il n'euſt ſur le dos de riches armes que la ſage Alquiſe luy
auoit preparees d'affection, pour le
faire voir par toutle Camp en ce ma-
gnificque equipage.

Au deuant de ce chariot marchoient
deux à deux douze tambours, & quatre fifres veſtus de longues iuppes de
fine toille d'argent brodée d'or & de
grenats: ils eſtoient ſuiuis de ſix pages
portans chauſſes & collets de la meſme
façon & richeſſe qu'eux: en apres parut
vn parrain veſtu en pareille ſomptuo-
ſité que le Duc de Sancto Donato.

L'ORDRE DE LA SE-
conde troupe des aſſaillans.

Le gråd ouc de ſouino, en qui vn courage martial ſe peut cognoiſtre, parut
premier en la ſeconde trouppe des aſſaillans, ayant vn armet eſclattát, ſur lequel eſtoient releuez pluſieurs móſtres

espouuentables & vn escu, duquel il sembloit aux assistans qu'il sortist vne lumiere pleine de sang, il empoignoit la lance auec tant de grace & tant d'adresse que l'estime de la pluspart estoit qu'il fust ce Dieu dont le Poëte Grec à tât de fois parlé. Il estoit sur le char de sa mere tiré par six paons, leurs plumes couuertes des yeux d'Argus, qui iettoiét mille rayós de diuerses couleurs: leurs plumes estoiét estéduës ainsi que sils eussent voulu promener par les cieux la Deesse Iunon. Aussi la figure de ceste Deesse estoit represéntee au plus haut du Char, la teste couuerte d'vn grand voile de laine d'argent, au dessus duquel estoit vne couronne de pierreries: ceste Deesse portoit vn sceptre en sa main & au dessous d'elle estoiét assises les quatorze Nymphes, la beauté desquelles elle loüa tant au Roy des vents ainsi que Virgile rappotte. Les crespillons dorez de ces Nymphes estoient enclos dans vne riche lame d'argent, qui se ployant au commencemét en voile, acheuoit de couurir leurs robes en forme de mantes, leurs

robes eſtoient retrouſſees par deſſus les
genoux, & attachees à la ceinture auec
des boucles d'or; leurs iambes eſtoient
couuertes iuſques au milieu d'vn bro-
dequin noir en broderie d'argent, & en
leurs mains elles portoient des cou-
ronnes grandes, & petites, ſelon l'eſ-
tenduë des peuples, & au deuant de ce
Char marchoient ſix tambours & ſix
fifres veſtus de velours noir brodé d'argét, ſuiuis de ſix pages veſtus de chauſſes a bas attaché, & de colets de velours
brodé d'argent, dans lequel Char l'on
voyoit apertement Mars equippé en
habit requis, & ſix parrains veſtus de
meſme liurée que deſſus.

L'ORDRE DE LA TROI-
ſieſme trouppe des aſſaillans.

Pour le commencement de la troi-
ſieſme trouppe des aſſaillans, le Cheualier de la Conſtance fut le premier
qui parut à la porte, comme Mars a-
cheuoit encores le tour du Camp,
Don Diego Pigmantel eſtoit celuy qui
auoit pris ce nom de Cheualier Con-
ſtant. Ce perſonage eſtoit ſur vn Char

de triomphe trainé par vingt cheuaux
de grand prix, & richement harna-
chez, dix cochers conduisoient ce
Char, lesquels portoient des robbes de
satin orangé en broderie d'argent; &
la deuise de ce Dom Diego Pigmantel
estoit l'image de la Constance, à rai-
son de quoy il se fist nommer en ce
tournoy, le Cheuallier de ceste Deesse.

La magnificence de ce Char de triõ-
phe estoit publiee par le resonnement
de trente tambours & de dix fifres,

Six armuriers marchoient au front,
& estoient vestus de longues iuppes de
satin orengé brodé d'argent. Six pages
venoient apres eux vestus de chausses
à bas attaché, & de colets de mesme
estoffe & mesme liurce.

Dom Ieronimo, & Dom Manuel
Pimantelli freres du Cheuallier Con-
stant, estoient pres de luy dedans le
Char, auec quelques autres Seigneurs
bien vestus, & bien equippez, qui pour
leür equipage portoient des chausses
retrouslees de satin orágé en broderie
d'argēt, auec le saye de mesme estoffe,
& de mesme habillemēt, estás suiuis de

six parrains ; vestus de pareille estoffe
& couleur, reste qu'ils portoient par
dessus leurs accoustremens des bandes
noires en forme de iuppes de chasse,
de satin noir brodé d'argent, ce qui les
faisoit recognoistre & distinguer pour
tels qu'ils estoient en ce triomphe.

L'ORDRE DE LA QVA-
triesme trouppe des assaillans,

Comme entre les plus grandes ma-
gnificences de la terre, iamais la fin ny
le commencement ne reussit à vne entiere perfection, que l'enuie n'ait fait
esclore & naistre ses nourrissons (qui
font les effects qui ont plus de prero-
gatiues) aussi la nimphe Parthenopé in-
dignee de l'ingratitude de ses enfans,
qui preferoiet la beauté de leurs maistresses à la sienne , sortit ialouse de
ces honneurs , des humides Palais de
Neptune, ornée en son visage de toutes
les graces & perfections ; & de tous les
attraits gratieux qu'elle auoit peu re-
couurer pour inciter & prouoquer les
Iuges du Camp de condäner l'impo-
sture

sture des Tenans. Elle entra dans vn
char orné tout à l'entour de moulures
& festons d'or & d'azur: Il estoit attellé de douze cheuaux marins, couuerts
de girels de satin bleu brodé d'argent
de toutes pars en escailles; six Tritons
leur seruoient de cochers vestus de
mesme liuree.

Ceste Nimphe auoit vne robe de satin
blãc decouppé à ondee sur de la toille
d'argent, entre les decouppures y auoit
des poissons figurez de diuerses formes
en broderie d'or & d'argent: Elle auoit
ses cheueux espars sur les espaules, &
abordoient mesmes sur vne queuë
qu'elle auoit en forme de poisson: sa
teste estoit couuerte d'vne couronne
d'or enrichie de pierreries, dont la valeur est inestimable.

A la queuë de ce chariot l'õ voyoit vne
Balcine d'vne grandeur si prodigieuse,
qu'elle montoit iusques au second esta-
ge des maisons. Cela passé la Sirene
s'arresta deuãt l'eschauffaut des dames
pour chanter quelques vers qu'elle a-
uoit composez à la louange de la vice
Reyne, & apres qu'elle eust charmé

quelque temps les oreilles des dames
de la douceur de son chant, elle com-
mãda au Cheuallier qu'elle auoit choi-
si pour chastier les tenans du peu d'e-
stime qu'ils faisoient de sa beauté,
de sortir du ventre de ce monstreux
poisson.

Le Prince de
Santobono
Cheualier de
la Sirene.

Ce cheualier estant sorty quelques
seigneurs parurent en mesme temps, &
six parrains vestus de satin bleu, les
chausses & le colet à bandes en broderie d'or & d'argent, suiuis de six pages, & huict tambours, & quatre fifres
vestus d'vne mesme liuree : toutesfois
cet ordre ne continua, car si tost que
tous furent sortis de la Baleine, les tambours se rangerent aux premiers rãgs,
& les combatãs aux derniers, le prõpt
changement duquel ordre fist naistre
de l'admiration abondamment.

L'ORDRE DE LA CIN-
quiesme trouppe des Assaillans.

En ce cinquiesme ordre de magnificence : d'autant plus qu'il y auoit de
l'horreur figuree, d'autant plus y auoit

à de l'art & de l'inuention . C'eſtoit vn
Char trainé pompeuſement par ſix
Centaures , au deuant duquel marchoient huict tambours & quatre fifres veſtus de longues iuppes de ſatin
blanc en broderie d'or, ſix pages veſtus
à la mode, & de meſme liurée les ſui-
uoient, demonſtrant par leurs actions
vn reſpect particulier au ſuiect de la
magnificence,

Dans ce Char eſtoit le Duc d'Airo-
la armé, ayant au deſſus de ſes armes
vne peau de lyon, l'arc en vne main, &
la maſſuë en l'autre, parce qu'il repre-
ſentoit Hercule. Fabio Carraciolo e-
ſtoit à ſon coſté, auec des armes toutes ſemblables à celles du Duc, tenant
en vne main l'eſpee, & en l'autre le filet
qui ayda à Theſee de trouuer le de-
ſtour du labirinthe pour repreſenter
Theſee: ces deux perſonnages eſtoient
ſuiuis de ſix parrains, veſtus de chauſſes
& colets de la meſme eſtoffe & broderie.

I'exprimerois volontiers la façon
entiere de ce Char , mais craignant
d'ennuyer le lecteur de mes diſcours,

ie me contête de l'aduertir, qu'il auoit
pour liuree le blanc, & qu'il estoit en-
richy d'excellentes figures d'or, lesquelles figures ne representoient que ce
monstre portant sept testes, dont il est
tant parlé entre les Poëtes, & le Geant
Cacus. Ceux qui sçauront l'histoire
fabuleuse n'ont que faire de plus long
discours pour ce suiect, cest pourquoy
quiconque aura les yeux trop foibles,
& l'entendement trop hebeté qu'ils se
destournent de la lecture, pour euiter
les accidens qui en peuuent arriuer.

L'ORDRE DE LA SIX-
iesme trouppe des Assaillans.

La sixiesme trouppe des assaillans
du tournoy de la ville de Naples, fust
conduicte sous la protection & sauue-
garde du Marquis de Spénazola. L'inuention & l'effect du triomphe qu'il
produisoit de sa part, estoit vn temple,
qui doucemét entra dedans le Camp,
sans qu'aucun en peust recognoistre
les ressors. Ce temple auoit quatre portes, & le dessus de sa voute estoit sou-

ſtenu par quatre colonnes, en chacune
deſquelles y auoit des niches, ou les
mois de l'annee eſtoient repreſentez,
ce que voyant les aſſiſtans, ils iugerent
auſſi toſt que c'eſtoit le temple de Ia-
nus. A coſté de ce temple marchoit in-
duſtrieuſement vn chariot, ſur la ſuper-
ficie duquel eſtoit Amour, auec ſes
ailles, & ſon arc, & tenant en l'vne de
ſes mains vn flambeau, & vn foüet d'or
en l'autre. Ce Char ne fut pas ſi toſt arriué pres de ce temple, qu'Amour en
reſiouiſſance du ſuieɛt châta quelques
vers auec vne melodie tres-admirable,
& apres faiſant l'office du Conſul Ro-
main, qui ſuyuant l'inſtitution d'vn de
leurs Roys ſouloit ouurir le temple de
ce Dieu, quand le Senat auoit deliberé
la guerre, il ouurit les portes de ce temple, & pour teſmoigner qu'il declaroit
la guerre, on vit ſortir du temple quarante ſix tambours, & huiɛt fifres, qui
commencerent auec leurs inſtrumens
militaires à faire retentir tout le Camp.

Puis ſuyuoiét ſix armuriers, veſtus
de longues iuppes de ſatin verd gay,
en broderie d'argent.

Huict pages vestus de chausses à bas
attaché & colets de mesme estoffe en
broderie, sortirent apres.

Et le couronnement de ceste trouppe fut fait par huict Caualliers armez,
qui se nommoient le Marquis de Spennazola, Vincenzo Capeze, Ferrente
Venanto, Dom Francesco de Verra,
Federico Gentile, Ioan Baptista
Suardo, Colamaria de Soma, & Il Mi-
rabalo, Ces huict Seigneurs estoient
vestus de chausses à bas attaché auec
des colets de mesme liurée, le tout
couuert de riche broderie d'argent, six
patrains vestus de mesme façon faisoient la queuë de ceste trouppe.

L'ORDRE DE LA SEPT-
iesme trouppe des Assaillans.

Trois nobles & gallans Seigneurs
de l'Italie, desireux d'employer leur
valeur à la deffence de la beauté de
leurs maistresses, partirent de la celebre ville de Rome où ils estoient pour
assister au Tournoy de Naples, l'infor-
tune qui les accompagnoit par les

chemins, les fist tresbucher dans les
embusches de Circé, qui changea leur
forme humaine en celle de trois animaux prodigieux. Leurs Escuiers affli-
gez de l'accident suruenu à leurs maistres, les chargerent sur vn riche chariot, où les diuerses metamorphoses
arriuees par les enchantemens de ceste
sorciere, estoient industrieusemét tail-
lees en or & en argent. Ces trois Seigneurs furent ainsi menez par leurs
Escuyers en la ville de Naples, afin de
remedier le iour du tournoy à leur in-
fortune, par le moyen de la Iustice que
la Vice-Reyne leur voudroit rendre: la
mauuaise fortune qui auoit conduit
par les chemins ces trois nobles personnages auoit pris son origine par
les trauaux que l'on endure à la seruitude Martiale. Aussi ce Dieu ayant có-
passion de ces Caualliers, au trauers
d'vn nuage parut, qui par le bout d'vne
lame qu'il tenoit, leur donna guarison
de leur enchantement, leur rendant
leur premiere forme de Caualliers.

Ce Dieu n'eust pas sitost acheué ce
miracle, au grand estonnemét de tout

le monde, qu'il descendit de ceste nuë
dans le Char de ses Caualliers, afin
de leur seruir de maistre de Camp, &
de rendre par sa presence leurs coura-
ges plus valeureux, à ce combat que
toutes les trouppes precedentes.

Douze cheuaux blancs couuerts de
girels de satin iaune, passementé de
clinquant d'argent, trainoient le chariot de ces trois Caualliers desenchan-
tez. Ils estoient vestus de satin blanc
en broderie d'or, ayant chausses & colets à bande, le bas de soye blanc, auec
des armes dorees, & grauees fort richement, sur leurs heaumes il y auoit grã-
de quantité de fines plumes blanches.

L'enchâtement etans dissous, & lors
que l'on disposa à faire marcher par ordre ceste troupe, l'on fit marcher aux
premiers rangs douze tambours & six
fifres vestus de longues iuppes de satin
blanc passementé de clinquant d'or.
Trois armuriers venoient en suitte,
trois escuyers & huict pages vestus de
la mesme liurée. Six parrains vestus
ainsi que les trois Caualliers, firent la
queuë de ceste septiesme troupe.

L'ORDRE

L'ORDRE DE LA HVICT-
iefme trouppe des Affaillans.

L'indignation conceuë dans le cœur de la belle Armide contre les Caualiers des precedētes trouppes, qui vouloiét vanter dans le tournoy Neapolitain la beauté de leurs maiftreffes, effectua par certains charmes vne efpece de végeāce, qui fembloit leur tourner à vitupere.

Pour effectuer donc fon deffein, elle tranfporta Regnaut dans fon iardin enchanté à la porte du camp, dont les affiftans furent eftonnez grandement.

Les fleurs (ornemens des parterres de ce jardin) fembloient fi agreables que les yeux de toute l'affemblee ne pouuoient fe laffer de les confiderer: Auffi n'eftoient ce pas des fleurs mortelles; Armide les auoit prifes dans le Paradis tereftre, & leur teint n'eftoit point fuiect à l'empire des faifons. Au milieu de l'vn des parterres, il y auoit vne fontaine d'vne eftoffe & d'vn artifice très-difficile à confiderer, Venus eftoit au haut ainfi qu'on la point apres

D

sa naissance, ses cheueux blonds espars
sur ses espaules, degouttoient l'eau de
fleur d'orange. Vne grande Coüque
qu'elle auoit à ses pieds seruoit de cu-
ue pour receuoir ceste eau delicieuse:
six petits Amours s'y baignoient tous
nuds, & folastroient les vns auec les autres. Renaut estoit à l'ombre des Myr-
thes amoureux, ayant vne guirlande
de fleurs sur la teste, & vn miroir entre
les mains, à qui il se conseilloit pour
agencer ses cheueux dorez, & le cot-
ton qui commençoit à donner ombre
à son visage.

Ce iardin estant arriué deuant l'es-
chaffaut de la Vice-Reine, les oiseaux
dont les plumes estoient emaillees de
diuerses couleurs, commécerent à ga-
zouiller, ce qui ne dura pas long temps
car si tost vn Perroquet voulut auoir le
pardessus, comme de fait son chant
estoit si gratieux qu'il charmoit les o-
reilles des assistans. Ces petits amours
qui folastroient aux pieds de leur douce mere Venus s'estoient depossedez
de leurs dards amoureux, & en auoient
rendu depositaires les Dames de ceste

assemblee, & ie croy que l'eau que leur
iettoient ces petits Mirmidons estoit
le charme qui les rendit amoureuses,
ou le fruict delicieux qu'ils leur iettoient, cueillis sur les arbres de ce iardin.

Ceux qui n'estoient encores sortis
des ombrages du iardin, apres tous ces
attraits & ces caresses amoureuses, se fi-
rét voir Vbalde par les charmes de l'es- *Vbalde &*
cu que le sage Hermite lui auoit mis en- *Carle.*
tre les mains, donna à Renaut vne co-
gnoissance de la sale seruitude, où il
estoit attaché, & à l'instant despité d'a-
uoir esté si long-temps enseuely dans
les voluptez amoureuses, print la guirlande qu'il auoit sur la teste, la foule
aux pieds, meit en pieces le miroir
qu'il auoit attaché à son costé, d'eschi-
ré ses habits effeminez, prend les armes
qu'Vbalde & Carle luy presentent, &
sort du iardin enchanté, le sage Hermite qui auoit preueu que Renaut deuoit
combatre en ce tournoy, par la force
& subtilité de son art, il fit treuuer la
sortie du iardin vn equipage digne du
rang qu'il vouloit tenir en telle affaire.

D ij

Premierement, six parrins vestus de satin de couleur de pescher, ayāt chauffes & colets à bandes, le tour brodé d'argent: Puis quatre pages equipez & vestus de mesme liuree, ayant chauffes à trousses, & colets passementez de clinquant d'argent, huict tambours & quatre fifres, vestus de mesme liuree, venoient apres.

Cela faict, & le tout disposé en l'ordre requis, le Marquis d'Auzi qui representoit le personnage de Renaut, se presenta à la barriere pour cōbatre les Tenans: Pour ce combat, il fut assisté de deux Mareschaux de camp, qui furent Dom Ioan d'Aguino, & Dom Ferrant de Capoua.

L'ORDRE DE LA
neufiesme & derniere trouppe des Assaillans.

Le Duc de Matauoli pour la derniere trouppe des Assaillans du magnifique Tournoy de Naples fit entrer dedās le camp vn beau chariot doré, trai-

nant apres foy vne montagne, attellé
de douze cheuaux auec des couuertes
& des girels de fatin orengé & bleu, en
broderie d'or & d'argent, fix cochers
veftus de mefme couleur & broderie
eftoiét conducteurs de ce chariot. Au
haut d'iceluy l'on voyoit vne vieille
femme veftue d'vne robbe de velours
bleu en broderie d'or : elle auoit les
cheueux tous blancs & efpars fur fes
efpaules, fon vifage hideux & efpou-
uentable, comme eftant Magicienne
elle tenoit en fes mains vne houffine &
vn liure: elle auoit à fes pieds vne troupe de ieunes hommes veftus de la mefme eftoffe & broderie d'or & d'argent,
tenant en leurs mains diuers inftru-
mens, & faifoient vn concert de mufique tres-excellent. La Mufique ayant
quelque temps produit vne harmonie
douce & agreable deuant l'efchaffaut
de la Vice-Reine, la Magicienne fit
quelques cercles auec fa houffine en-
chantee, & ayant fait elle commanda à
la montagne de fouurir, ce qu'elle fit
foudain, & produifit en vn momét plu
fieurs oifeaux de diuerfes couleurs &

D iij

grandeurs.

Apres cela douze tambours & six fifres veſtus de longues iuppes de ſatin
orengé & bleu en broderie d'argent,
ſortirent, ſuiuis de huict pages, ayans
chauſſes à bas attaché, & les colets de
la meſme eſtoffe & broderie.

Quatre Caualiers armez de ſuperb-
bes armes parurent auſſi toſt, qui marchoient auec vne ſuperbe grauité: par-
deſſus leurs armes ils auoient des mantes de ſatin orengé & bleu, les chauſſes
de meſme eſtoffe & couleur, le bas de
ſoye bleu, & le tout magnifiquement
brodé: ſix parrains venoient en queuë
veſtus de chauſſes & colets de meſme
liurée.

VOILA tout ce qui ſe peut
rapporter au vray des En-
trées des Aſſaillans, & quand bien
ie me ferois eſtendu plus au long
en ce Diſcours, le rapport n'en ſe-
roit point plus naïf : c'eſt pourquoy le Lecteur s'en contentera s'il

luy plaiſt, & le prendra en bonne
part, ſoubs eſperance de veoir par
cy apres qui emportera l'honneur
& la victoire du combat.

LE COMBAT.

CEſte derniere trouppe ne fut
pas ſi toſt entree & rangee au
lieu pour elle predeſtiné, que les
Aſſaillans allerent courageuſemét
combattre, ſuyuant l'ordre qu'ils
eſtoient entrez dedans le Camp.
L'adreſſe du Comte de Lemos, &
la fortune qui luy rioit en ſon en-
treprinſe le rendit autant de fois
victorieux, qu'il ſ'eſtoit aduancé
pour combatre: les autres Aſſaillás
ſe mirent en deuoir de l'enſuiure,
mais toutesfois ils ne peurent ſi
bien faire: en fin les Tenans apres
auoir reſiſté à ce choc depuis qua-

tre heures apres midy iufques ēn-
uiron fur la mynuict, les barrieres
furent leuees, & tous les Aflaillans
à la foule commencerent de combatre, fi bien que le cliquetis de
leurs armes, & le feu qui en fortoit
par leur genereufe vehemence, ap-
porta vn fingulier contentement
à l'affemblee : Cefte meflee euft
duré plus long temps qu'elle ne fit
pas, mais les feux d'artifice qui for-
toient de la barriere, contraigniret
les combatans de fe feparer, à l'in-
ftant la lumiere ne manqua point
en cefte place, nonplus que les petards & les fufees : és feneftres des
maifons de la ville la lumiere ne
y fut point efpargnee, ny les feux
de ioye par confequent : De forte
qu'il fembloit que le iour euft ce-
dé à la nuict, le rebut de toute fa
perfection.

LE

LE IVGEMENT
du Prix.

L E lendemain de ce magnifique Tournoy le Vice-Roy
& la Vice-Reine firent faire le bal
en leur Palais. Ce bal fut faict dans
la grande salle, où de tous costez il
y auoit des eschaffaux, composez
& bastis en façon d'amphiteatres,
le Vice-Roy & la Vice-Reyne
estoient soubs vn dais en vn bout
de la salle, & les Dames aux deux
costez sur des sieges vn peu plus
bas, les Princes, Ducs, Marquis, &
grands Seigneurs estoient debout
à l'autre costé.

Auant que de commencer le
bal, six trompettes arriuerent, le resonnement desquels instrumens
contraint celuy des violons de fai-

E

te trefue: Vn Roy d'armes les fuy-
uoit, qui venoit de la part des Iuges, pour publier le prix du Tournoy.

Ce prix comme eftant deub
aux Cheualiers Romains, ils l'em-
porterent, & le donnerent à l'in-
ftant à l'Ambaffatrice de Rome,
belle fœur du Vice-Roy.

Le prix qui deuoit eftre le plus
admiré fut adiugé au Duc de Ma-
taloni, qui en fit prefent à la Com-
teffe de Xelues.

Celuy de la plus belle deuife fut
donné au Marquis de Spennazola
qui le donna à Adriana de San-
gro.

L'on iugea le Prince de Santo-
Bono auoir le mieux combatu à la
picque, & auoir emporté le prix
des Dames, auffi en donna-il le bu-
tin à Clara Gefualdo,

Quant au combat de l'espee l'on creut que ce fut le Comte de Lemos qui auoit le pardessus.

Pour la perfection totale du combat de la picque, on la iugea au Duc de Bouino, & le donna à la Comtesse de Xelues.

Celuy que l'on reputa estre entré auec plus de grace & de maintien à la barriere, ce fut Dom Diego Pigmantel, en recompense dequoy il receut vn prix merité qu'il donna à Donna Maria Bazan.

Au Marquis d'Auzi, pour auoir eu la grace plus que pas vn autre au maniement de la picque, on luy en adiugea le prix, dont il en fit present à la Marquise de Santa Croce.

Dedans la foule & au combat que l'on y fit, on y recogneust quelques gentillesses & perfectiós

militaires des Affaillans : les vns fe
faifoient veoir à l'efpee quels ils
eftoient, & les autres à la picque.
Celuy qui rompit la fienne plus
dextrement, ce fut le Duc Dairola,
qui en donna le prix à l'Ambaffatrice d'Efpagne,

Le Prince de Silla, le Duc de Za-
garola, Dom Cefar Daualos, le
Prince de Sáto Seuero, & le Com-
miffaire general de l'armee furent
Iuges de ce Tournoy. Les prix e-
ftoient tous de grande valeur, c'e-
ftoient des diamans de trois cens
ou quatre cens efcus la piece.

Au partage de ces prix la ialou-
fie n'en eftoit beaucoup efloignee,
car le Duc de Santo Donato pen-
foit auoir merité le prix de l'efpee,
ce qui auoit efté defia donné au
Comte de Lemos : indigné dequoy il appella de la fentence des

Iuges deuant le Vice-Roy. Ce magnanime Prince preferant l'intereſt d'autruy au ſien, & ne voulant point qu'on creuſt que les Iuges l'euſſent fauoriſé pour le reſpect qu'ils portent à ſon authorité, ordonna que le prix qu'on luy auoit adiugé fuſt porté au Duc de Santo Donato, dõt il fit preſent à la Marquiſe de Santa Croce.

Le bal fut commencé par le Duc de Nocera auec l'Ambaſſatrice d'Eſpagne, & ne fut finy qu'à huit heures de nuict, & lors le Vice-Roy donna la grace à Dom Franceſco Carracco, & à Cillo del Taſſo, afin de plaire à pluſieurs Dames qui l'en auoient prié, à la charge que le dernier ne pourroit encores retourner de quelque temps en la ville de Naples.

FIN.

www.ingramcontent.com/pod-product-compliance
Lightning Source LLC
Chambersburg PA
CBHW061729060726
47597CB00006B/2633